L. LEMERCIER DE NEUVILI

THÉATRE DES PUPAZZI

LE MANDAT IMPÉRATIF

PIÈCE EN UN ACTE & EN VERS

REPRÉSENTÉE

Pour la première fois à Paris, dans les salons du Grand-Hôtel,
le 9 février 1872,

AVEC UN CROQUIS AUTOGRAPHE DE L'AUTEUR

PRIX : **50** centimes.

BORDEAUX
CHEZ TOUS LES LIBRAIRES
—
1872.

L. LEMERCIER DE NEUVILLE

THÉATRE DES PUPAZZI

LE MANDAT IMPÉRATIF

PIÈCE EN UN ACTE & EN VERS

REPRÉSENTÉE

Pour la première fois à Paris, dans les salons du Grand-Hôtel,
le 9 février 1872,

AVEC UN CROQUIS AUTOGRAPHE DE L'AUTEUR

PRIX : **50** centimes.

BORDEAUX

CHEZ TOUS LES LIBRAIRES

1872.

A MONSIEUR VANHYMBECK

Son très dévoué,

L. Lemercier de Neuville.

PERSONNAGES :

M. PRUDHOMME, candidat.
GALUCHET, électeur.

———

Un Salon riche.

———

Bordeaux 26 février 72.
Et si les électeurs leur demandent leur tête....
Prudhomme (effrayé)
Sapristi ! mais Monsieur !...
Galuchet
Il faut qu'elle soit prête !
(Scène IV)

LE MANDAT IMPÉRATIF

Scène première.

PRUDHOMME, GALUCHET

PRUDHOMME

Pour les surtouts, prenez les plantes de ma serre,
Entendez-vous ? — Et puis, quand viendra le notaire,
Prévenez-moi, je veux lui parler le premier. —
Que mon gendre roucoule et fasse le ramier
Avec ma fille? soit ! — il le doit, puisqu'il l'aime !
Je suis père, et mon rôle, à moi, n'est pas le même.
Ils soignent leur amour, soignons leurs intérêts !
D'ailleurs j'ai tout prévu pour eux : les fonds sont prêts !
Allons ! Prudhomme ! allons ! tout va bien ! — L'heure
                                    [approche,
Où, sans avoir distrait un écu de ta poche,
Tu vas avoir placé ta fille et ton argent
Et prouvé qu'un bourgeois peut être intelligent !
— Car enfin, disons-le ; — pourquoi d'ailleurs le taire?
— Je suis depuis huit jours candidat populaire ;
Les grands m'ont repoussé, j'ai crié !... — Les petits,
Dont j'ai depuis longtemps flatté les appétits,
Veulent de moi ; — Disons qu'ils sont d'une exigence!...
... Mais, une fois nommé, je ne sers que la France !

Et c'est pourquoi, — trouvant le moyen plus actif,
J'ai signé leur mandat, qu'on nomme Impératif.
Il s'agit d'obéir et de rendre des comptes
Aux électeurs, afin qu'ils n'aient plus de mécomptes...
C'est promesse à donner !... Mais quant à la tenir...
Nous verrons bien !... Ne songeons pas à l'avenir !
Mais qu'est-ce que je vois ? Et que me veut cet homme ?
Qui l'a fait pénétrer ici ?

Scène II

PRUDHOMME, CALUCHET

GALUCHET

Monsieur Prudhomme ?

PRUDHOMME

C'est moi !

GALUCHET

Je le sais bien que c'est vous ! Sapristi !
Vous êtes bien logé pour quelqu'un du parti !
Tant mieux ! Vous ferez plus pour la chose commune !
Et c'est très bien à vous, ayant de la fortune,
D'en faire part à ceux qui n'en ont jamais eu !

PRUDHOMME

Je ne vous connais pas !

GALUCHET

Oh ! si ! Vous m'avez vu
Au club des Francs-Lurons, dont je suis secrétaire.
Vous avez bien parlé ! — C'était mou... mais sincère !
Vous vous ferez bientôt.— Pour nous, le principal,

— Et vous l'avez compris ! — c'est d'être radical !
Point de demi-moyens ; à cette heure suprême
Il nous faut un élu qui comprenne l'extrême !

PRUDHOMME

Pardon ! mais chaque chose a son heure et son temps.
De mes opinions si vous êtes contents,
C'est bien ! — Votez pour moi ! — La chose est convenue !
Mais, je vous l'avouerai, voici l'heure venue
Où tous mes invités... Vous comprenez ? — Ainsi,
Au revoir !... A bientôt !... Pensez à moi !... Merci !

(Il sort.)

Scène III.

GALUCHET, SEUL

GALUCHET

Comment ! mais il s'en va ? — Je crois, Dieu me pardonne !
Que c'est comme un congé déguisé qu'il me donne !
Un instant ! Il a dit : ses invités... Pourquoi
Ne puis-je donc pas être un des invités, moi ?
Il veut représenter le peuple, qu'il l'invite
Et qu'il le fasse au moins goûter à sa marmite !
Mais ils sont tous ainsi : — « Je veux votre bonheur,
» On vous trompe, on vous pille, on boit votre sueur,
» On vous exploite, et moi qui comprends vos souffrances
» Je veux dans votre cœur mettre des espérances,
» Mes frères ! mes amis ! citoyens !... — » C'est charmant !
Et, quand ils ont fini leur petit boniment,
Ils partent, puis après s'être lavé les pattes,
Ils invitent chez eux un tas d'aristrocates !
Mais pas nous ! — Oh malheur ! — Attendons cependant
Son retour..... Le voici ! — Galuchet, sois prudent !

Scène IV

GALUCHET, PRUDHOMME

PRUDHOMME (*à part*)

Encor lui !

GALUCHET

Citoyen! pardonnez si j'insiste ;
Mais puisque notre club vous a mis sur sa liste,
Je dois vous avertir que l'on ma délégué
Pour vous dire qu'on vous attend!

PRUDHOMME (*à part*)

Comme c'est gai!

GALUCHET

Le club des Ravageurs et celui des Rapaces,
La salle Popincourt, le café des Voraces,
Tous nos amis enfin doivent venir ce soir
Pour vous interroger, comme aussi pour vous voir!
Vous ne pouvez manquer!

PRUDHOMME

Citoyen ! oui... sans doute...
Je ne puis... Ah ! si vous saviez comme il m'en coûte !
Mais ma fille aujourd'hui se...

GALUCHET (*l'interrompant*).

Pardon, citoyen!
Mais vos électeurs vont se déranger pour rien...
Manquer aux grands, c'est bien ! mais manquer à des frères,
C'est semer son chemin de haines populaires !
Votre fille !... Parbleu ! nous en avons aussi,
Des filles ! et qui font souvent notre souci !
Mais, avant la famille ; — il est bon qu'on s'explique :
Nous, nous nous occupons de la chose publique ;

Et vous, qui désirez tant nous représenter,
Monsieur Prudhomme ! il faut d'abord nous imiter !

PRUDHOMME

Soit ! mais depuis huit jours, tous les soirs, dans vos salles
Je me rends ; je réponds aux choses colossales
Qu'on me dit ; — en sortant, — chez le marchand de vin
J'entre avec vous et paye...

GALUCHET

> Oui, vous payez très bien ;
Mais ça nè suffit pas !

PRUDHOMME

> Mais que faut-il donc faire?

GALUCHET

Un député ! qu'est-il ? — Un commissionnaire !
Nous, peuple souverain, nous ne choisissons pas
Des hommes de talent : nos héros sont en bas.
Leur mérite réel est leur obéissance ;
Leur rôle est d'exprimer ce que l'électeur pense...
Pas autre chose ! — Il faut qu'ils mettent de côté
Leurs désirs personnels comme leur dignité,
Et si les électeurs leur demandent leur tête,

PRUDHOMME (*effrayé.*)

— Sapristi ! mais monsieur...

GALUCHET

> Il faut qu'elle soit prête !
Pourtant, rassurez-vous, nous n'exigeons pas tant;
Il faut venir ce soir, pour vous c'est important !
Des clubs amis, des purs, tous simples prolétaires,
·Viennent se joindre à nous, ils voteront en frères,
Mais ils veulent vous voir et vous interroger
Sur ce que vous ferez à l'heure du danger !

— On veut savoir aussi si, comme tous les autres
Qui, près de nous, ont fait jadis les bons apôtres,
Ce n'est pas un motif purement personnel
Qui vous a fait soudain répondre à notre appel.
Vos intérêts sont-ils les nôtres ? — On l'ignore !
Bref ! on veut bien de vous, mais on hésite encore !

PRUDHOMME (à part)

(Parodie du Cid.)

Que je sens de rudes combats !
Contre mes électeurs mon enfant est en lutte !
Si je manque le club, je suis sûr de ma chute,
Si je sors, son hymen ne se conclûra pas !
Réduit au triste choix ou d'être un mauvais père,
     Ou d'être un mauvais frère ;
  Des deux côtés mon mal est sans espoir !
     Tout cela m'entortille !
    Faut-il aller au club, ce soir ?...
    Ou faut-il marier ma fille ?

    Chers électeurs ! ma tendre enfant !
Vous qui me nommeriez ! — Et toi qui m'es si chère !
Vous, mon ambition ! Toi, dont mon âme est fière...
Comment des deux côtés en sortir triomphant ?
Mandat Impératif, qui me mets dans la gêne,
     Et qui causes ma peine ;
   O toi qu'on a nommé Contractuel !...
     Délaissant ma famille,
  Faut-il, ce soir, répondre à ton appel ?
  Faut-il rester pour marier ma fille ?

GALUCHET

Vous avez réfléchi ?

PRUDHOMME

     Mais que veut-on de moi ?
J'ai déjà tout donné : — Profession de foi,

Discours, banquets, régals, déjeuners et brochure ;
Tout l'attirail enfin d'une candidature !...
Je ne puis pourtant pas me répéter toujours
Et vous redire encore une fois mon discours !
Je l'ai dit quinze fois déjà !

GALUCHET

C'est inutile !
Et ce qu'on veut de vous est beaucoup plus facile !

PRUDHOMME

Voyons ?

GALUCHET

Vous êtes riche !

PRUDHOMME

Est-ce un mal ?

GALUCHET

Pour çà, non !

PRUDHOMME

N'ai-je pas travaillé pour m'enrichir ?

GALUCHET (*vivement*).
Pardon !
Ne sortons pas de la question !

PRUDHOMME

J'y demeure !

GALUCHET

Vous êtes riche ! Eh bien ! la richesse a son heure
Pour chacun ici bas. — Vous ! votre heure a sonné ;
Nous l'attendons encore... Avez-vous deviné ?

PRUDHOMME

Vous voulez la richesse ?

GALUCHET

Allons donc ! Mais sans doute !
Et c'est vous qu'on choisit pour nous frayer la route.
Quelques écus de moins ne peuvent vous ruiner,
Et quand on veut avoir, il faut savoir donner !

PRUDHOMME

Au fait ! enfin, au fait ! et pas de préambules !

GALUCHET

Oh ! nous ne voulons pas vous prendre vos pendules !
Mais on a décidé, dans notre comité,
Que, sans porter atteinte à la propriété,
Ce serait une chose en tous points équitable
D'inviter dix de nous, au moins, à votre table
Chaque jour ! — Dix de plus, c'est peu pour un richard !

PRUDHOMME

C'est tout !

GALUCHET

Non, pas encore ! On n'est pas un mouchard
Pour avoir remarqué vos salons magnifiques !
— Est-ce bien nécessaire aux hommes politiques
Qui sont de notre bord ? — Je ne le pense pas ! —
Il faudra donc jeter tous ces lambris à bas
Et tailler là-dedans des abris populaires
Pour y loger gratis les amis et les frères !

PRUDHOMME

Puis, après?

GALUCHET

Il faudrait aussi se souvenir
Que le pauvre est un homme et ne doit pas souffrir
Des injures du temps !..... Vous joindrez le chauffage
L'entretien des habits, — c'est peu ! — puis l'éclairage
Et puis le blanchissage...

PRUDHOMME

Est-ce tout?

GALUCHET

Puis enfin,
Délivrés de la gêne ainsi que de la faim,
Pour que, de temps en temps, l'on fasse une bamboche,
Il faudra nous fournir aussi l'argent de poche!

PRUDHOMME

Oui, j'entends bien!

GALUCHET

C'est clair!

PRUDHOMME

Ce n'est pas excessif!

GALUCHET

C'est assez! (*à part*) Maintenant.

PRUDHOMME (*à part*)

C'est significatif!

Haut)
Eh bien! vous me semblez, s'il faut que je le dise,
En ce moment-ci, faire une énorme sottise.
Pourquoi dix, seulement, à prendre pension
Chez moi? — C'est cent qu'il faut!

GALUCHET

C'est par discrétion!

PRUDHOMME

Et ne puis-je, à mon tour, habiter la mansarde
Et vous loger chez moi?

GALUCHET

Bon! cela vous regarde!

PRUDHOMME

Chauffage! blanchissage! éclairage!... parfait!
Les habits!... mon tailleur pour vous n'est-il pas fait?
Et ne devez-vous pas, vous que je représente,
Porter des vêtements d'une coupe élégante
Comme moi?

GALUCHET

Nous n'osions être trop exigeants!

PRUDHOMME

Enfin, quand il s'agit de demander aux gens,
Pourquoi ne pas oser?... Je trouve ridicule,
Dans ce cas là, d'avoir le plus petit scrupule!
Eh quoi! pour vos plaisirs, il vous faudrait quêter
Un peu d'argent de poche? Allons! c'est plaisanter!
Et pour que vous ayez la vie indépendante
Je dois faire à chacun mille livres de rente!

GALUCHET

C'est juste!

PRUDHOMME

Et pour cela que me donnerez-vous?

GALUCHET (*vivement.*)

Nos voix! toutes nos voix! car nous voterons tous,
Et vous serez nommé.

PRUDHOMME (*changeant de ton*)

Cherchez-en donc un autre,
Citoyen délégué; je ne suis plus le vôtre.
Je veux représenter d'honnêtes travailleurs
Qui gagnent leur argent, et non pas des flâneurs!
Je n'entends rien du tout à votre politique
Qui veut tout renverser : moi, j'ai le sens pratique!
Le bien-être se gagne et ne se vole pas!
On doit édifier avant de mettre à bas!

Qu'un autre convaincu vous loge et vous habille;
Moi, je reste chez moi pour marier ma fille.

(Il sort.)

Scène V.

GALUCHET, SEUL.

GALUCHET

Raté ! — Qui donc nommer? car je les connais tous :
Aucun ne signerait le Mandat parmi nous !

Le rideau tombe.

Bordeaux. — Imprimerie A. BELLIER, rue Cabirol, 16.

Sous presse

Œuvres nouvelles du même Auteur :

LE ROI PRUDHOMME, deux actes en prose.

LA SIXIÈME CHAMBRE, un acte en prose.

UNE RÉUNION PUBLIQUE, un acte en prose.

UNE ACTIVITÉ DÉVORANTE, un acte en prose,

LES AUTORITÉS, un acte en prose.

JULES, un acte en prose.

L'ESSAI LOYAL, un acte en prose.

EVE ET LE SÉRPENT, un acte en prose.

LA PARTIE D'ÉCHECS, un acte en vers.

LES PRÉTENDUS D'ISABELLE, un acte en vers

Bordeaux. — Typ. et Lith. A. BELLIER, rue Cabirol, 16.